DECHY,

VILLAGE DU CANTON SUD DE DOUAI,

DÉPARTEMENT DU NORD.

NOTICE HISTORIQUE

ET

STATISTIQUE

SUR

DECHY.

VILLAGE DU CANTON SUD DE DOUAI,

DÉPARTEMENT DU NORD.

Par M. **Brassart**, SECRÉTAIRE DES HOSPICES.

> De toutes parts on s'enquiert de la vie passée de nos cités, on recherche quelles traces les plus simples bourgade sont laissées à travers les âges.
> HERBAVILLE.

DOUAI,
ADAM D'AUBERS, IMPRIMEUR.
1844.

AVANT-PROPOS.

Consacrer une notice à l'histoire d'un village, est un travail qui ne présente généralement qu'un faible intérêt. Si j'ai fait celle de Dechy, il faut en attribuer la cause à plusieurs circonstances : d'une part, M. le maire m'ayant choisi pour faire le dépouillement de ses archives (1), ce magistrat me témoigna le désir de connaître les faits qui se rattachaient à l'histoire de sa commune ; d'autre part, Dechy est le village de ma mère ; il renferme un grand

---

(1) Le dépouillement des archives des communes du département du Nord a été demandé avec instance par circulaires des 28 mai, 10 octobre 1858 ; 29 mai, 25 octobre 1859; 17 juin, 27 août 1841 et 25 août 1842. Cette dernière circulaire, qui émane de M. de St.-Aignan, a institué une commission spéciale chargée de l'examen des inventaires qui seraient adressés à la Préfecture du Nord et d'en rendre compte. Cette commission est composée de MM. de Contencin, Le Glay, Edouard Defontaine, e comte de Hamel-Bellenglise, Vanackère et Laine.

nombre de mes parents ; c'est là que j'ai passé les premières années de mon enfance ; alors on comprendra facilement que ce village ait été le premier auquel je me sois arrêté pour composer une notice historique et statistique.

Mais, dans le cours de mes recherches, j'ai pensé qu'en publiant cette notice, elle pouvait, par sa lecture dans les campagnes, produire de bons résultats, en fixant, par exemple, l'attention de MM. les maires, les curés, les greffiers et même les instituteurs sur les archives qu'ils possèdent et dont ils négligent la classification. Ce travail, qui ne demande que de la patience, leur ferait découvrir, j'en suis certain, des documents propres à faire une petite histoire de leurs villages. En groupant ces différentes productions, on pourrait arriver à la confection d'un mémoire complet, comprenant l'histoire et la statistique de toutes les communes rurales de l'arrondissement de Douai (2).

C'est cette pensée qui m'a guidé dans le parti que j'ai pris de soumettre mon travail à la Société royale et centrale d'agriculture, sciences et arts du département du Nord.

Cette notice, renvoyée à l'examen d'une commission, a donné à M. Foucques, secrétaire-adjoint, l'occasion de faire les observations suivantes dans un rapport qu'il lut

---

(2) Déjà M. Duthillœul, bibliothécaire de la ville de Douai, a publié un ouvrage intitulé : *Petites Histoires des Pays de Flandre et d'Artois*; mais il ne contient pas l'histoire de toutes les communes de l'arrondissement de Douai.

à la Société en séance publique, le dimanche 14 juillet 1844 :

« Il est à regretter, a-t-il dit, que Dechy ne soit pas
» d'une plus haute importance et ait forcé la notice elle-
» même à se réduire aux proportions d'un opuscule, car
» elle se distingue du reste par de solides qualités. Mais
» comme le disait le président Dupaty des états du prince
» Monaco : s'ils ne sont pas plus grands, ce n'est pas sa faute.
» De même, si Dechy semble très-satisfait de son humble
» fortune, ce n'est point, assurément, la faute de l'auteur.
» Il n'en a pas moins fourni un excellent type pour trai-
» ter l'histoire de nos communes rurales, et si de telles
» histoires étaient réunies en faisceau, elles présenteraient
» l'achèvement d'un grand et beau travail. Nous vous en
» signalons la première pierre que le laborieux écrivain,
» M. Brassart, en a posée, en vous invitant à lui accor-
» der une mention distinguée et en vous rappelant qu'à
» votre concours de 1840 vous avez couronné un autre ou-
» vrage du même auteur, qui demeurera pour notre cité
» un monument d'érudition très-utile à consulter. »

DECHY.

I.

Origine. — Droit seigneurial. — Echevinage.

Dici, *Deci* ou *Dichy*, généralement connu aujourd'hui sous le nom de Dechy [1], du mot latin *diptiacum*, village du canton sud de Douai, département du Nord, est situé à 3 kilomètres de cette ville. Il est traversé par la route royale de Douai à Bouchain, par le chemin de grande communication d'Arleux à Orchies, et bientôt il le sera, sur un bout,

---

[1] Dans les actes reposant à la mairie de Dechy, le nom de ce village est écrit de ces différentes manières : *Dici*, *Deci*, *Dichy* et *Dechy*.

du côté du marais, par le chemin de fer de Paris à la frontière de Belgique, passant par Valenciennes.

Aucun document historique ne peut bien préciser l'origine de ce village, qui était au nombre des plus anciennes propriétés de la riche et imposante Abbaye-de-Saint-Amand. Cependant, un manuscrit qui vient du savant historien M. Guilmot, décédé bibliothécaire de la ville de Douai [1], fait connaître que Charles-le-Chauve [2], voulant empêcher l'arbitraire que les abbés de Saint-Amand apportaient dans la distribution des revenus de cette maison, ordonna, par un diplôme du 23 mars 847, que le produit des biens qu'il nommait fût appliqué à l'usage des religieux, et défendit aux mêmes abbés d'en disposer autrement ; qu'en outre, et conformément à ce que son père Louis-le-Débonnaire [3], avait ordonné le 29 juin 822, les moines eussent la neuvième partie des provisions de bouche et autres des

---

[1] M. Malet, architecte, gendre de M. Guilmot, possède ce manuscrit, lequel contient des renseignements sur un grand nombre d'établissements religieux qui existaien avant la révolution de 1789 dans le département du Nord.

[2] Charles-le-Chauve régna de 840 à 877.

[3] Louis-le-Débonnaire régna de 814 à 840.

villages du domaine de l'abbé, parmi lesquels se trouvait Dechy. Comme on voit, l'existence du village de Dechy remonte aux temps les plus reculés.

Robert, qui était en même temps abbé de Saint-Amand, de Saint-Germain, de Saint-Denis et ministre du roi, proposa aux moines de lui céder le prieuré de Barisi [1], sa vie durante, et qu'en échange il leur donnerait, à perpétuité, le village de Dechy. Des conditions aussi avantageuses ne pouvaient donner lieu à aucune hésitation ; elles furent acceptées avec reconnaissance par les moines de Saint-Amand, et le roi Charles III dit le *Simple* [2] les confirma par son diplôme du 7 septembre 906 [3]. C'est donc à partir de cette époque que l'Abbaye-de-Saint-Amand fut dé-

---

(1) Barisi, petite commune du département de l'Aisne, arrondissement de Laon.

(2) Charles III *dit* le Simple régna de 893 à 929.

(3) J'ai communiqué ce diplôme à M. Le Glay, archiviste du département du Nord, qui l'a examiné et traduit : en me le renvoyant, il me fit observer dans sa lettre : « Que suivant les auteurs du *Gallia Christiana*, t. 3, col. 258, l'abbé Robert qui y est mentionné serait le même que Robert de France qui posséda l'abbaye de St.-Denis, à la même époque; ne voyant pas trop sur quoi les savants bénédictins ont fondé cette opinion, il semble à M. Le Glay que si l'abbé de St.-Amand eu été un parent du roi ou seulement un fils de Robert-le-Fort,

finitivement déclarée propriétaire du village de Dechy, qu'à son profit le droit seigneurial fut exercé et qu'un receveur fut établi en son nom pour percevoir la dîme, laquelle perception ne cessa que lorsqu'éclata la révolution de 1789.

Dechy avait été annexé à la Flandre Wal-

» le roi Charles lui aurait donné, dans le diplôme, une qualification plus
» assortie à son rang. »

Voici du reste le texte de cette charte dont la commune de Dechy n'a qu'une copie simple en roman du XIVe siècle. Le texte latin se trouve dans le tome 1er du cartulaire de St.-Amand, n°. 141, reposant aux archives générales du département du Nord.

« Ou nom de la Sainte-Trinité, Charles, par le divine clémence
» Roy, quelconque cose par nostre débonnaireté, nous donnons
» par le conseil de nos féables as lieus ordonnés au service divin,
» nous devons esperer que Dieux nous en sera rétributeur; et pourtant
» sacent tous les féables de l'église de Dieu et de nous, tant présens
» comme advenir, que nostre très chier et féable Robert, abbé du
» monastère Monsieur Saint-Amand nous a notifié comment il a de-
» mandé aucunes coses des religieux dudit monastère bailliés piécha
» par icelui Monsieur Saint-Amand à ses maisnez, confermées à leurs
» us espéciaux par commandement d'Empereux ou de Rois nécessai-
» res et convenables à icelui abbé pour nostre service, situées au ter-
» roir de Laon; c'est le celle qu'on appelle Barisi, avec toutes ses
» appartenances, que celles coses iceulx religieux lui volsissent con-
» céder et donner en bénéfice sa vie seullement; mais adfin que sa
» demande ne semblast point irraisonnable et pesante, et ossi que par
» ce il ne encourust point l'offense de l'amy de Dieu Saint-Amand ne
» qu'il feist nulle moleste as serviteurs de Dieu, et que pour ceste
» cause les nécessités et subsides nécessaires ne défaillissent à eulx, il
» nous requist que d'icelle abbaye et de son signouraige nous donnis-

(13)

lonne pour ce qui concernait les droits, impositions, tailles, octrois, fermes et privilèges, par arrêt du conseil en date du 25 octobre 1782 [1]. Quant au droit d'échevinage, il y a lieu de croire qu'il jouissait des mêmes prérogatives que le village de Sin. Ce dernier avait de toute antiquité sa coutume, son échevi-

» sions à leurs usaiges espéciaux de ce jour en perpétuité le ville que
» on dist Dichi auoec toutes ses appartenances. Et nous, entendans sa
» priere juste et raisonnable, avons donné nostre assentement et avons
» commandé ce eommandement estre fait sur ce de nostre auctorité,
» et à iceux moisnes donné, par lequel commandement nous conferons et volons estre ferme et perpétuel que ledite ville de Dichi,
» lequelle de présent nous leur ottroyons, soit snbjecte perpétuel-
» ment avec toutes ses appartenances à leur dominication : et que après
» le trespas de nostre féable Robert, le celle de Barisi avec toutes
» aises à elle appartenans, soit remise à icelle dominication sas contradiction de quelconque abbé. En oultre, quelconque cose a esté
» donné à icelle Sainte-Congrégation par nos prédicesseurs Empereux
» ou Rois ou quelconque bons hommes en quelconques villes ou terres.
» Si comme nous l'avons piécha conferné à iceulx moisnes par nos
» lettres à la requeste de Fouques, arcevesque, ossi maintenant nous
» leur confermons et décernons à demourer perpétuelment soubs plé-
» niere deffense de franchise. Et afin que ce présent no mandement de
» Roi alle majesté ait fermeté inviolable, nous l'avons de soubs signé
» de no propre main et commandé à signer de l'impression de nostre
» aniel ; le signe de Charle, très glorieux Rois et Mistus notaire ou
» lieu de Asbéric l'évesque l'ai subsigné. Donné le VIIe ide de septem-
» bre, en l'indiction IXe, régnant Charle Roy très glorieux en l'an
» XIIIIe et entièrement régnant en l'an IXe. Fait ou castel de Laon ou
» nom de Dieu. Amen. »

(1) Annuaire statistique du département du Nord, année 1831, page 33.

nage et tous autres priviléges. La justice y était rendue à la *conjure* (demande) du bailli de Douai, et Charles V, lors de son arrivée en cette ville, au mois de septembre 1368, délivra à la commune de Sin des lettres-patentes qui la maintinrent dans la possession de ses droits [1].

II.

Evénements remarquables.

Le village de Dechy offre peu de chose à raconter sous le rapport des événements dont il a été le témoin. Le plus important, celui qui, par conséquent, a fixé particulièrement mon attention, se rattache à ces guerres désastreuses que le Pays-Bas dut supporter près d'un demi-siècle, de 1555 à 1594 [2]. Les habitans ne pouvaient à cette époque trouver de salut

---

[1] Annuaire statistique du département du Nord année 1831. p. 76.
[2] Voir sur la guerre des Pays-Bas un ouvrage de Strada, traduit par P. du Rier et publié à Bruxelles en 1645.

que dans la fuite ; la misère était à son comble, tout était détruit, et du village il ne restait que quelques chaumières échappées au massacre. Ces faits sont exposés par les échevins de la commune de Dechy dans un acte du 9 avril 1581 [1], où il est écrit « que pour
» et à raison des troubles de guerre cruelle,
» présentement rengnant en ce Pays-Bas, la
» ville de Decy et aultres du plat paiis, pillés,
» mengiés, vollés ; les habitants contraintz
» de quitter leurs maisons et domicilles, de
» se reffugier a Douai et ailleurs ; demourant
» partout la labeur en rien, de sorte que les
» poures, manans et habitans dud. Dechy
» sont la plus-part destruitz, mors et ruynez
» et constraint d'aller mendier leur pain [2]. »

(1) Cet acte, qui contient un bail emphytéotique de 99 ans, est repris en l'inventaire des archives de Dechy sous le n° 45.

.(2) Le village de Sin partagea le même sort que celui de Dechy. Je trouve, en effet, cité dans la table chronologique et analytique des archives de la Mairie de Douai, par M. Pilate-Prévost, n° 1765, un acte où il est dit : « *Que le 23 mai 1594, l'ennemi de Cambrai a achevé de piller, ruiner et brûler entièrement le village de Sin qui a aussi beaucoup souffert par le passage et le séjour des armées de Sa Majesté et par la formation de camps dans les environs de Douai.* »

Le n° 1781 du même ouvrage est un acte du 18 juin 1599 par lequel les mayeur et échevins de la commune de Sin sollicitent de ceux de Douai la ratification de la vente qu'ils avaient été obligés de faire, de 4 rasières du pré *Secron*, marais situé au-delà de Sin, vers Dechy, don-

Toutes les victimes de ce temps de calamité reposent très-probablement dans le vaste terrain qui dépendait de l'hôpital Saint-Nicolas de Sin-lès-Dechy [1] ; car maintenant encore, d'après le dire du propriétaire de cette ancienne maison de charité, on ne peut donner un coup de bêche dans les jardins sans trouver des ossements humains.

Ces guerres, dites de religion, n'existaient pas seulement dans le Pays-Bas ; elles se répandaient partout. Ainsi, en France, elles étaient provoquées par le mécontentement des protestans qui cherchaient à soulever le prince de Condé et l'amiral de Coligny. Ces manifestations furent la principale cause du massacre de la Saint-Barthélémy pendant les journées des 24, 25 et 26 août 1572. Michel de Castelnau [2] rapporte « qu'*avec la cou-*

---

nant pour motifs que les habitans se trouvaient ruinés par les dernières guerres, qu'ils avaient été chassés de leurs maisons, incendiées bientôt par les ennemis ; que l'église ayant été brûlée, ils avaient dû en faire construire une autre et y faire placer trois nouvelles cloches.

(1) Il sera parlé de cet hôpital dans le chapitre suivant.

(2) Michel de Castelnau, dont les mémoires font partie de la collection de ceux relatifs à l'*Histoire de France*, publication de Petitot, fut choisi, le plus souvent, pour remplir les fonctions d'ambassadeur. En 1575, Henri III le désigna pour remplir cette mission près d'Elisabeth, reine d'Angleterre.

leur de ces religions se mêlaient les factions qui ont suscité et entretenu les guerres civiles de ce royaume, lequel, depuis a été exposé à la mercy des peuples voisins et de toutes sortes de gens qui avoient désir de mal-faire, ayans de là prins une habitude de piller les peuples et les ranconner, de tous les aages, qualités et sexes, saccager plusieurs villes, raser les églises, emporter les reliques, rompre et violer les sépultures, brûler les villages, ruiner les chasteaux, prendre et s'emparer des deniers du Roy, usurper les biens des ecclésiastiques, tuer les prestres et religieux, et exercer par toute la France les plus détestables cruautez qu'il était possible d'inventer. De façon qu'en moins de 12 ou 15 ans l'on a fait mourir, à l'occasion des guerres civiles, plus d'un million de personnes de toutes conditions, le tout sous prétexte de religion et de l'utilité publique, dont les uns et les autres se couvroient.*

Le village de Dechy souffrit cruellement dans ces guerres incessantes allumées par le fanatisme. Que d'années il aura fallu pour cautériser une plaie aussi profonde et pour effacer la trace de si grands désastres.

Là ne devaient pas encore s'arrêter les malheurs que Dechy était appelé à supporter. En

2.

1710, Douai étant en état de siége, un détachement de dragons sortit de cette ville le 26 mai, à huit heures du soir, et entr'autres villages il brûla celui de Dechy où le comte de Tilly, arrivé le 23 avril précédent, avait établi son quartier-général [1].

Les agitations de 1789 furent pour Dechy de nouvelles sources de vicissitudes ; quelques énergumènes profitèrent de ce moment de révolution pour porter la perturbation dans le sein des familles, soit en dénonçant au district la vente des biens, soit en s'opposant à l'exécution des lois, soit enfin en mettant, par leurs menaces, la vie des officiers municipaux en danger. M. Jacquart, aujourd'hui maire de Sin [2], habitait alors Dechy : ses concitoyens l'avaient choisi pour remplir les fonctions de capitaine de la garde nationale ; et, dans ce moment de terreur, il eut le courage de se présenter à la tête de sa compagnie pour repousser

---

[1] Annuaire statistique du département du Nord, année 1831, page 35.

[2] M. Jacquart, en récompense de ses longs et utiles travaux, obtint, par ordonnance du Roi du 25 août 1834, la croix de la Légion-d'Honneur. M. Jacquart est doué d'un caractère juste et conciliant ; il est administrateur, et son passage à la Mairie de Sin laissera d'éternels souvenirs.

ces ennemis de l'ordre, qui accompagnaient leurs menaces d'ignobles paroles, en disant contre le Maire *qu'il fallait l'avoir mort ou vif et même lui trancher la tête, s'il ne consentait à délivrer l'argent de la commune* [1].

Maîtres enfin de ce soulèvement populaire, les habitants de Dechy vont suivre avec calme toutes les fastes de la révolution française. Dans maintes occasions ils donnent des marques de patriotisme : par une délibération du 22 juillet 1790, ils témoignent leur vive reconnaissance et *gratification* aux augustes représentants de la nation pour l'avoir servie comme ils l'ont fait et le font encore. Ils déclarent, avec le respect et la soumission que ces représentants méritent, adhérer au nom de la commune à tous les décrets rendus et à rendre avec promesse d'en maintenir l'exécution.

Le 1ᵉʳ nivôse an II (21 décembre 1792), ils font hommage de deux cloches à la fonderie nationale; et, à l'occasion des victoires remportées par nos armées républicaines sur les puissances ennemies de la France, ils se livrent à

[1] Ces faits sont consignés dans un registre aux délibérations de la commune de Dechy.

des réjouissances par des fêtes civiques [1].

L'élévation de Bonaparte au trône impérial fait trouver à ce conquérant, dans le village de Dechy, des soldats qui bravent avec lui tous les dangers de ces campagnes mémorables ; plusieurs d'entr'eux sont revenus au sein de leur famille où ils racontent encore aujourd'hui les hauts faits d'armes auxquels ils ont pris une part active.

Enfin arrive 1815, époque de cette restauration si vivement désirée dans les campagnes. Mais la paix, qui devait en être la conséquence, coûta quelque peu aux habitans à cause de l'obligation où ils se trouvèrent de supporter pendant 3 années la présence des puissances alliées. Cette charge fut la dernière pour la commune de Dechy, car la révolution de juillet 1830 ne fut pour elle l'objet d'aucun fait particulier.

---

[1] Voici la reproduction exacte de la délibération qui fut prise à l'occasion de ces fêtes, le 27 novembre 1792 : « Le corps municipaux
» assemblée conjoinctement avec le conseil-général de la commune à
» effet de délibérée sur la fette qui doit être fait dimanche prochain deux
» du mois de décembre pour laréjouissance des succès de nos armes,
» oui le procurer de la commune, nous otorissont le maire et officier
» municipaux de Dechy d'acheter de la poudre a tirer pour une sertaine
» somme maudere ladite somme ne pourra excéder au-dessus de trente
» livre tous comprit. »

III.

Monuments religieux.

Depuis une époque fort reculée, Dechy possédait une église qui était entourée d'un cimetière communal; mais l'état de vétusté de cet ancien monument nécessita sa démolition en 1805. Sur son emplacement, une nouvelle église fut érigée et la première pierre en fut posée par M. Eustache Dupont, maire, le 12 avril 1817 [1]. La dépense de sa construction s'éleva à 70,000 francs environ. M. Boulé, architecte, à Douai, avait été chargé de la direction des travaux, dont le sieur Puvion, de Bruille-lez-Marchiennes, s'était rendu adjudicataire.

Cette église appartient à l'ordre toscan. Sa longueur totale est de 35 mètres; sa largeur de 14 mètres 90 centimètres. Les principaux

---

(1) Au-dessus de la porte latérale de l'église, on lit cette inscription : « Cette pierre fut posée par Eustache Dupont, maire de cette » commune lors de la reconstruction de cette église, le 12 avril 1817. »

ornements qu'on remarque dans l'intérieur, tels que le lambris en chêne, haut de 3 mètres 30 centimètres, les confessionnaux, les tableaux et l'orgue [1], sont dus à la générosité des époux Maroille.

Diverses inscriptions, gravées sur marbre, frappent l'attention du visiteur [2]. L'une d'elles rappelle la mémoire de M. Lefrère, Henri-Albert-Joseph, qui, après avoir exercé avec zèle les fonctions pastorales, dans cette paroisse, l'espace de 24 ans, y décéda le 3 octo-

---

(1) L'orgue est sorti des ateliers de M. Carlier, de Douai. Il fut posé en 1834. Une plaque en cuivre qui y est adhérente porte pour inscription : « Cet orgue a été donné à l'église par la munificence de Madame » Maroille. »

(2) La première est ainsi conçue : « DOM. Dans le cimetière de cette église reposent les corps d'Antoine-Joseph Jacquart, propriétaire et cultivateur, décédé le 17 de novembre 1801, âgé de 70 ans, et de Rosalie-Joseph Widiez, son épouse, décédée le 26 juillet 1779, âgée de 52 ans, et de cinq de leurs enfants morts en célibat. Requiescant in pace. »

La deuxième : « DOM. Dans le cimetière de cette église, reposent les corps de Louis-François Payen, natif de la commune de Brebières, époux de Rosalie-Joseph Jacquart, cultivateur, propriétaire et maire de la commune de Dechy, décédé le 2 avril 1815, âgé de 45 ans, et de Rosalie-Cécile, leur fille, décédée le 7 de juin 1801, âgée de 25 mois. Requiescant in pace. »

La troisième : « A la mémoire de M. Lefrère, Henri-Albert-Joseph, qui, après avoir exercé avec zèle les fonctions pastorales dans cette paroisse l'espace de 24 ans, est décédé le 3 octobre 1830, âgé de 76 ans. Un de profundis, s'il vous plaît. »

bre 1830, à l'âge de 76 ans [1]. Ce digne ecclésiastique que la ville de Douai vit naître, fut remplacé par M. Potteaux, de Somain, encore en exercice. La sagesse et le caractère de ce nouveau pasteur ont su bientôt faire oublier la perte que les administrés de la commune de Dechy venaient de faire [2].

Antérieurement à la construction de cette église, le service du culte se célébrait dans une chapelle dépendant de l'ancien hôpital St.-Nicolas de Sin-lez-Dechy, dirigé originairement par des sœurs de l'ordre de Saint-

---

[1] L'église de Dechy a été desservie par les curés dont les noms suivent :

1526.—Mathieu Couer.
1630-1672.—Couldan, Marie-Philippe.
1672-1750.—Petit, Lambert.
1750-1751.—Williot, Laurent.
1751-1752.—Boudart, Michel-François.
1752-1765.—Accollet, Jean-Baptiste.
1766-1787.—Deflandre, E. F.
1787-1791.—Tassart, Elie.
1791-1792.—Laleman, Jean-Anselme.
1792-1801.—Pot, Pierre-Joseph ; il prêta serment à la Constitution le 25 novembre 1792.
1801-1809.—Lucas.
1809-1830.—Lefrère, Henri-Albert-Joseph.
1830.—Potteaux, Michel-Joseph.

[2] M. Potteaux a son habitation presqu'en face de son église, dans une maison dite presbytère, qui appartient à la commune et qui fut construite en 1755.

Augustin. Ces sœurs, livrées d'abord à la vie contemplative, voulurent embrasser un genre d'existence plus austère; ce qui les avait fait quitter le village de Sin pour venir soigner, dans l'hôpital de Dechy, les malades et les pèlerins. Plus tard, en 1228, elles s'établirent de nouveau à Sin dans une maison qu'elles avaient fait construire et qui fut nommée abbaye de Notre-Dame-du-Beau-Lieu. Dans la suite, se trouvant exposées aux événements politiques et religieux, elles prirent le parti de se fixer à Douai en 1622, et leur maison de Sin fut aussitôt après démolie.

L'hôpital St.-Nicolas de Sin-lez-Dechy, à l'usage des pauvres passants allant *ad limina sanctorum apostolorum* et autres saints lieux, était situé à l'entrée du village de Dechy, à droite de la grande route de Douai à Valenciennes. La chapelle et la ferme qui en dépendaient sont encore existantes [1]. Une partie des bâtiments était située sur Sin, l'autre sur Dechy, circonstance à laquelle il faut sans doute attribuer cette double qualification de

---

(1) La ferme de cet hôpital était, en 1771, occupée par le nommé Joseph Widiez, qui prenait la qualité de *censier de l'hôpital de Sin-le-Noble*. Les terres dépendant de cette ferme étaient de 89 rasières.

Sin-lez-Dechy, ajoutée au nom d'Hôpital St.-Nicolas.

Le nom du fondateur de cet établissement de charité n'est pas connu. Doté et augmenté par Philippe d'Alsace comte de Flandre, son administration appartenait à 4 ecclésiastiques, 4 nobles et 4 bourgeois. Des lettres-patentes du roi d'Espagne, en date du 17 mai 1666, confirmées par arrêt du Conseil-d'état du roi Louis XIV, du mois de juin 1696, ordonnèrent la réunion de ses biens au collége St.-Vaast de Douai, établi pour de pauvres étudiants anglais ; à l'époque de la révolution, tout ce qui dépendait de cet hôpital fut soumissionné et adjugé comme étant devenu la propriété de la nation.

A 174 mètres des dernières maisons du village de Dechy, sur la gauche de la route royale et à l'ouverture du chemin qui conduit à Guesnain, est plantée une croix en pierre, haute de 4 mètres 16 centimètres.

Sur cette croix connue dans le pays sous le nom de *Croix bergère*, on a taillé ou gravé les inscriptions suivantes :

1°. Partie faisant face à la route :

« *Fidei catholicæ romanæ triumphus anno*, 1593.

2º. Côté vers Douai :
» *Ut Christus glorificetur.*
3º. Côté vers Bouchain.
» *Crux in altum exaltetur.* »
La traduction donne :
» Triomphe de la foi catholique romaine. An 1593.
» Que le Christ soit glorifié ;
» Que la Croix soit exaltée en haut. »
Ces inscriptions sont de nature à faire croire que la croix au chemin de Guesnain a été élevée pour rappeler l'abjuration du catholicisme par le roi de Navarre dans l'église de St.-Denis en 1593, ou bien le temps de la persécution contre les hérétiques qui étaient poursuivis en tous lieux et qui subissaient les châtiments les plus cruels lorsqu'on parvenait à les saisir.

Enfin le calvaire, construit en 1820, aux frais des époux Maroille, est érigé sur un flégard appartenant à la commune, près du chemin de grande communication d'Arleux à Orchies. Il fut placé en cet endroit pour perpétuer la mémoire de personnes qui étaient mues par les sentimens les plus généreux en faveur de la religion qu'ils professaient.

IV.

Libéralités. — Bureau de Bienfaisance.

Le nombre de ceux qui ont contribué à augmenter les ressources de la commune, de l'église ou des pauvres, est assez nombreux à Dechy.

Au mois d'avril 1300 [1], c'est Jacques Renghiers, qui donne plusieurs pièces de terre sises à Dechy, partie à l'église et partie à celle de St.-Pierre de Douai, pour, porte le testament, « estorer une capelerie pour canter
» cascun jour une messe de requiem pour Dieu,
» pour lame de lui, pour les ames de sen pere,
» de se mère, de Margot se sœur et de Marie
» Crelie se feme. »

Les 16, 24 mars 1570, 15 octobre 1607 et 1er avril 1628 [2], on voit Jean Petit, Jacques Pinteau, Antoine Cliquet, Noël de Benicourt

---

[1] Inventaire des archives de Dechy, n°. 1. Cet acte du mois d'avril 1300, passé devant *Echievins de Dici*, est le plus ancien, en langue romane, qui se trouve indiqué audit inventaire.

[2] Même inventaire, n° 27, 28, 31, 34 et 35.

veuve de Gabriël Tassart, Elisabeth Tournay, veuve de Paul de Broulx-Laine, tous laboureurs à Dechy, fonder 7 obits en leur église.

Le 10 juin 1525[1], c'est Mathieu Coner, ancien curé de Dechy, qui charge ses exécuteurs testamentaires d'acheter une pièce de terre pour la donner à l'église.

Le 10 décembre 1579[2], c'est Antoine Cliquet qui constitue une rente de six livres au profit de l'aumône et pauvreté de Dechy.

Le 22 janvier 1580 [3], c'est Jacques Debroux, ancien mayeur ou chef des échevins, qui fait donation de mille florins à l'aumône et pauvreté de Dechy. Cette somme, comptée à Antoine Pol, *aumosnier*, fut employée à l'acquisition d'une rente héritière et perpétuelle dont les cours devaient être *donnés et distribués aux pauvres manans et habitans, femmes veuves et orphelins de Dechy.*

Deux siècles et demi se passent sans qu'il y ait lieu de citer de nouveaux actes de libéralités de la part des habitants de la commune

---

[1] Inventaire des archives de Dechy, n° 30.
[2] Même inventaire, n° 46.
[3] Même inventaire, n° 47.

de Dechy, et on arrive ainsi aux temps modernes. Les premiers bienfaiteurs à nommer, sont : Antoine Maroille et Marie-Anne Joseph Leleu, mari et femme. Déjà, dans cette notice, j'ai parlé des époux Maroille à l'occasion des sacrifices énormes qu'ils firent pour l'embellissement de l'église et la construction d'un calvaire ; là ne s'est pas arrêté leur générosité; ils ont encore, par actes des 9 février 1824 et 12 décembre 1831, donné à la fabrique de ladite église, à charge de divers services religieux, trois hectares deux ares trente-huit centiares de terre en labour [1].

Trois personnes restent à signaler à la reconnaissance publique : 1º La demoiselle Bernardine Lenne, qui, par testament du 1ᵉʳ août 1834, légua aux pauvres un hectare vingt-trois ares cinq centiares de terre ; 2º Jean-Baptiste Leleu, et 3º Marie-Rose Leleu, frère et sœur, lesquels, conjointement et par un même acte du 25 septembre 1843, donnèrent également aux pauvres quatre-vingt onze ares trente-deux centiares de terre.

Les biens des pauvres de Dechy étaient an-

---

[1] La donation des époux Maroille a été approuvée par ordonnance du Roi en date du 20 août 1832.

ciennement, comme ils le sont encore en ce moment, régis par une administration particulière. Déjà en 1464, on trouve un acte portant date du 24 novembre [1], qui indique que *de l'acord et du consentement de la plus saine partie de tous les manans et habitans ad ce appelez, on a eslu ordonne comis et institué Gervais le Bernard, Jehan Courtecuisse, Collard Hulot et Fremin Sautoir, procureurs ministres et gouverneurs de lausmone et povveté de la commune de Dechy.*

Maintenant l'administration du bureau de bienfaisance est confiée à une commission de six membres, compris le maire, qui en est le président-né. — Font partie de cette commission, MM. Jacquart, maire, P. Anache, François Pol, L. Dambrin, C. Leconte et Lenne.

Les propriétés et revenus des pauvres de Dechy, consistent en :

1°. Trente hectares 16 ares 11 centiares de terre donnant, année moyenne, un revenu de 3,940 fr. 14 cent.;

2°. Des rentes sur l'état s'élevant à 482 fr.;

---

(1) Inventaire des archives de Dechy, n° 21.

3º. L'intérêt des fonds placés à la caisse du trésor, produisant 105 fr. 85 cent. Ces trois sommes réunies forment un total de 4,527 fr. 99 cent. Ce revenu, déduction faite de 500 fr. environ pour frais d'administration, est distribué chaque année à la population indigente, laquelle se compose de cent familles ou 400 individus, savoir : 345 temporairement secourus en cas de maladie ou de manque de travail; deux vieillards et trois orphelins placés en pension ; plus, cinquante veuves ou chefs de famille surchargés d'enfants en bas-âge. Au moyen de ce secours et des avantages que les pauvres de Dechy peuvent retirer de quelques ares de terre qu'ils cultivent, ils se trouvent placés dans des conditions assez heureuses. Du reste, le paupérisme, dans les campagnes, se présente sous des caractères moins hideux que dans les villes. Les maladies occasionnées le plus souvent par un air vicié et l'agglomération d'un grand nombre de personnes sous un même toit y sont moins fréquentes, et généralement aussi on y est moins porté à la paresse.

V.

Population.—Nombre de Feux. — Superficie du terroir. — Agriculture. — Animaux domestiques. — Commerce et Industrie.

La population de Dechy est maintenant de 1,400 individus [1], et le nombre de feux de 310. Ce dernier chiffre s'est considérablement accru dans l'espace de deux siècles, car au mois de janvier 1624 il n'était que de 82, ainsi que le constate un recensement des héritages fait à Dechy en vertu d'un mandement adressé aux mayeur et échevins par les seigneurs des états du pays et comté de Hainaut [2].

Dechy comprend une superficie totale de 882 hectares, dont 724 en terres laboura-

---

[1] Sur cette population de 1400 individus, 400 environ appartiennent à la classe indigente et reçoivent les secours du bureau de bienfaisance.

[2] Ce recensement, qui porte en tête : « *A Dechy ne se paye aucun droit de tonlieu ni venaige,* » est indiqué dans l'Inventaire des archives de la Mairie de cette commune sous le n° 70.

bles [1], 104 en paturages et marais, 54 en propriétés bâties. Dans ce dernier chiffre, il faut comprendre : 1°. les mares d'eau ; 2°. les tourbières et terres incultes ; 3°. les chemins et rues qui, pour l'avantage des habitants, sont entièrement pavés.

L'agriculture, à Dechy, est très-avancée. Les terres sont généralement d'une bonne qualité ; bien amendées et bien cultivées, elles offrent des produits considérables. L'hectare de terre, 1re classe, s'y vend presque toujours, par voie d'adjudication publique, 6,600 fr. [2]. La culture étant très-divisée à Dechy, il y a peu de ce qu'on appelle grosses fermes, mais en revanche beaucoup de bons ménagers qui possèdent, en propriété, la plus grande partie de leur exploitation.

Les agriculteurs de ce village sont assez sta-

---

[1] Ces 724 hectares de terre sont ainsi répartis pour leur culture : 240 en froment,—22 en seigle,—125 en avoine, — 5 en scourgeon,—20 en pommes de terre,—2 en légumes secs.—20 en féverolles,—25 en hyvernache,— 25 en prairies artificielles, — 2 en prairies naturelles, — 12 en jardins,—140 en colza,— 5 en œillettes,— 7 en camelines, et 75 en lin. Dechy possède un moulin à moudre le blé.

[2] On est encore dans l'usage à Dechy, pour désigner la contenance des terres, d'employer les mots *rasière*, *coupe* et *quarreau*. La rasière contient 45 ares 22 centiares. La coupe est le quart d'une rasière, et le quarreau le seizième.

tionnaires en fait d'introduction de nouveaux modes de culture. Ils ne cherchent pas, par exemple, à améliorer les races d'animaux domestiques [1], et il n'y a parmi eux aucun éleveur proprement dit. Relativement aux chevaux, ils ont une race particulière qui est reconnue d'une qualité rare et supérieure à celle des chevaux des villages voisins. On pourrait croire, jusqu'à un certain point, que cette supériorité est due à la possession d'un marais ; mais il en est tout autrement. M. le maire fit connaître, dans une séance de la commission d'agriculture de la Société de Douai du 4 juillet 1841 [2], que primitivement il était dans l'usage d'envoyer ses poulains au marais ; que les ayant retirés, il avait remarqué à quelque temps de là une amélioration sensible dans leur développement.

La principale branche de commerce qu'on remarque à Dechy est la fabrication et la vente du lin. Indépendamment de celui qu'on récolte sur 75 hectares de terre, les habitants

---

[1] On trouve à Dechy 135 chevaux, 65 jumens, 25 poulains, 2 ânes, 4 taureaux, 250 vaches, 20 veaux, 225 moutons, 25 brebis, 25 agneaux, 100 porcs et 10 chèvres.

[2] Voir le *Mémorial de la Scarpe*. Année 1841, n° 82.

sont dans l'usage de parcourir, chaque année les campagnes environnantes et de s'entendre avec les fermiers pour l'achat de leurs lins encore croissants sur terre. Ils se livrent ensuite au travail de cette plante textile pour la rendre propre au commerce, et la possession d'un marais[1], qui permet d'employer le mode de rouissage, fait acquérir au lin fabriqué à Dechy une qualité que les marchands étrangers savent apprécier.

Le commerce de lin est tombé d'une manière sensible à Dechy, depuis l'introduction en France des fils anglais et belges et de leurs toiles. Cette marchandise, qui était achetée en grande quantité pour la Normandie, n'est plus demandée, quoique son prix ait subi une

_____
(1) Un registre aux délibérations de la commune de Dechy, de 1790 à 1796, contient, pages 45 à 52, un mémoire fort intéressant sur le lin. On y signale la supériorité de fabrication sur celle des villages voisins, à cause du marais que possède la commune. La prairie qui tient à ce marais a servi long-temps de champ de manœuvre pour les soldats de la garnison de Douai. La ville était tenue, pour cet objet, au paiement annuel d'une somme de 600 livres de France.

La commune de Dechy a eu un procès à soutenir contre celle de Montigny relativement à un droit de propriété et de paisson dans ce marais. Ce procès a duré, dit-on, plusieurs siècles. Il fut définitivement jugé par arrêt de la Cour royale de Douai, en date du 18 juin 1821, lequel fut suivi d'une transaction entre les deux communes, passée devant M⁰ Caullet, notaire, le 10 décembre 1823.

baisse considérable. Ce village éprouve donc une perte incalculable de l'anéantissement de l'industrie linière.

Une autre branche, tout à la fois commerciale et industrielle, paraissait vouloir s'établir à Dechy ; je veux parler de la fabrication du sucre de betteraves. Déjà MM. Antoine et Joseph Jacquart, réunis à leur beau-frère, M. Poteau-Jacquart, avaient fait ériger une très-belle usine dans la ferme du premier ; mais le peu de protection accordée à cette industrie naissante obligea ces Messieurs à tout abandonner [1]. Cette fabrique était une ressource pour les ouvriers ; elle les aidait pendant un certain temps de l'année où l'agriculture n'a point besoin de bras à subvenir aux charges de leurs familles, et on doit penser que cette importante ressource se serait accrue par la création de nouveaux établissements si les impôts dont sont frappés les sucres indigènes, ne rendaient presque nuls aujourd'hui les bénéfices à retirer de la fabrication.

Dechy supporte également sa part du dommage causé au commerce français par l'im-

---

[1] La fabrique de MM. Jacquart fut mise en activité en 1835 et fermée en 1842.

portation des graines de l'Irlande, de l'Inde, de Riga et du nord de l'Allemagne. Cette importation rend plus difficile la vente des colzas et des œillettes qu'on y récolte sur 145 hectares de terre. Espérons toutefois que ce village, peuplé d'hommes laborieux, intelligents et économistes, saura supporter ces pertes, et que dans l'étude et la pratique de l'agriculture on saura trouver d'autres moyens pour rendre les terres aussi profitables qu'elles l'étaient avant l'existence des faits qui viennent d'être cités.

VI.

Administration de la commune, ses propriétés, ses revenus, ses charges, son instruction primaire.

La commune de Dechy est administrée, conformément à la loi du 21 mars 1831, par un maire et un adjoint, choisis parmi les douze membres qui font partie du conseil municipal [1].

---

[1] 120 personnes à Dechy concourent à la nomination des membres du conseil municipal et 7 à la nomination du député.

M. Antoine Jacquart [1] occupe, depuis le 2 octobre 1830, les fonctions de maire [2]. Ce magistrat doit à ses connaissances, à son zèle et à son caractère, l'estime dont il est entouré. Ses concitoyens savent apprécier l'importance des services qu'il a rendus à la commune et la bonne administration qu'il a su y introduire.

[1] M. Jacquart, marié à Melle. Penin, de Lewarde, est fils de M. le maire de Sin.

[2] Voici une liste, aussi complète qu'il a été possible de la faire, d'anciens mayeurs et maires de Dechy.

1390.—Jean Masy.
1397.—Robert Masy.
1580.—Jacques Debroux.
1680.—Charles Caudron.
1682.—Paul Sellier.
1701.—Fabie Sturcq.
1709.—Jean Widiez.
1731.—Alexandre Widiez.
1750.—Paul Limal.
1764.—Antoine-Joseph Jacquart, aïeul du maire actuel.
1774.—Joseph Lemaire.
1790.—Jacques Lasne, premier maire nommé après la révolution, par délibération du 10 février 1790.
1792 à l'an IV.—Philippe Tassart.
An IV à l'an VI.—Pierre-Antoine Jacquart, agent municipal.
An VI au 5 floréal an VII.—Jacques Lasne, aussi agent municipal.
An VIII au 8 ventôse an XII.—Jacques Lasne, maire.
4 germinal an XII au 2 avril 1815.—Louis Payen.
3 avril 1815 au 31 décembre.—J.-B. Lasne, maire par intérim
1er janvier 1816 au 2 octobre 1821.—Eustache Dupont.
3 octobre 1821 au 20 février 1826.—Hubert Tassart.
21 février 1826 au 1er octobre 1830.—J.-B. Lasne.
2 octobre 1830.—Antoine Jacquart, maire en exercice.

Les écritures qu'exige la mairie de Dechy sont confiées à un secrétaire-greffier auquel on alloue, d'après le budget, une indemnité annuelle de 300 francs [1].

La police rurale et des lieux publics est confiée à deux gardes-champêtres.

Dechy possède :

1° Quarante-deux hectares 36 ares 22 centiares de terre labourable, affermés par baux authentiques de 99, de 60 et de 9 ans, et produisant, année moyenne, un revenu de   892 fr.

2° Cent soixante-onze hectares environ de terre en paturage, tourbière et rouissoire qui sont à l'usage des habitants, moyennant une rétribution qui s'élève, par année, à   1,500

3° Une rente sur l'état, dont le capital provient du produit de la vente des biens qui appartenaient au village de Dechy et cédés à la caisse d'amortissement en vertu de la loi du 20 mars 1813.   2,157

4° Enfin les centimes additionnels, les patentes, amendes, rentes

---

[1] L'emploi de greffier de la commune de Dechy a été occupé en 1789, par le sieur Limal, de Douai ; remplacé par M. J. Lasne, de Dechy, ce dernier eut pour successeur le sieur Binart, de Sin, encore en exercice.

sur particuliers, intérêts de capitaux placés, etc., donnant, année moyenne, un revenu de. . . . 621

Total des revenus de la commune. 5,170 fr.

Les charges qui pèsent sur le village de Dechy sont les mêmes dans toutes les communes; je crois, par conséquent, inutile d'en donner le détail.

Dechy a deux écoles primaires communales: l'une est destinée aux garçons, l'autre aux filles. Le sieur Jean-Guilain Laloux et la demoiselle Henriette Mariage en ont la direction. Le premier fut nommé par décision ministérielle du 15 juillet 1834, la seconde par arrêté de M. le recteur de l'Académie, en date du 9 novembre 1838.

La maison d'école pour les garçons a été acquise par la commune le 10 juin 1841. L'instituteur y est logé et a droit à un traitement annuel de 200 fr. L'institutrice reçoit 150 fr. par an, et une indemnité de 50 fr. pour son logement.

Douai.—ADAM D'AUBERS, imprimeur. (Août 1844.)

www.ingramcontent.com/pod-product-compliance
Lightning Source LLC
Chambersburg PA
CBHW061010050426
42453CB00009B/1350